AF435626

9 789948 826026

بَرديَّةُ العِشقِ الأولى

شعر

محمود عقاب

بَرديَّةُ العِشقِ الأولى

شعر

إصدارات دائرة الثقافة، حكومة الشارقة 2022 م

الناشر: دائرة الثقافة ـ حكومة الشارقة ـ الإمارات العربية المتحدة

الهاتف: 5123333 6 971+

البرَّاق: 5123303 6 971+

الموقع الإليكتروني: www.sdc.gov.ae

البريد الإليكتروني: sdc@sdc.gov.ae

تصميم الغلاف: مروة الهرمودي

811.962

ع م . ب   عقاب، محمود

بردية العشق الأولى / محمود عقاب ـ الشارقة، الإمارات العربية المتحدة : دائرة الثقافة، 2022.

170 ص ؛ 21x14 سم.

1. الشعر العربي ـ مصر ـ دواوين وقصائد

أ. العنوان

ISBN : 978-9948-826-02-6

ظِلٌّ لم ينتهكْهُ اللهيب

بأيْكِ صبابتي
ضاءَ التجلّي
فباضَ الحُلْمُ في أعشَاشِ ظلّي

وكحَّلْتُ الحَصَى عَرَقاً
عليْهِ
توضّأَ مِنْ حَياءِ اللمْسِ فُلّي

وقفْتُ بساحةِ التَّحْنَانِ شَمْعاً
يُقصِّرُ عُمْرَهُ
في طُولِ وَصْلِ

لأنْثَرَ بَعْضَ دَمْعَاتِي
ظِلالاً يمرُّ بها اللهيبُ
كمُسْتَظِلِ

ولي غُصْنٌ
يُعيرُ الشَّمْسَ حِلْماً
ويمتَصُّ اشْتَعالَ الغَيْظِ رَمْلي

ومِئْذَنَةٌ تُطِلُّ على قِبابٍ
بها كفُّ الهلالِ تطُوفُ حوْلِيَ

كأنَّ لخيمتي وتداً
يهادي طباعَ الرِّيحِ صبْراً
للتحلِّي

بلا إذْنٍ
تبيتُ بيَ الأغَاني
وأخلعُ عِنْدَ بابِ النَّاي نعلي

يحنِّي الشَّرْقَ ليلٌ قاهِريُّ
يقدِّمُ كوكباً
في كلِّ حفْلِ

وجلبابي
خُيُوطٌ مِنْ وصايا
يُروِّجُ في يدِ التاريخ غَزْلِي

كبُرتُ مَع الزَّمانِ
بلا فِطَامٍ؛
لكي لا يمْضُغَ الأعْراضَ طِفْلِي

أهادي ساعةَ الأحلامِ نبضي
فلا تمشِي العقاربُ
ـقط ـ قبلي

أقلِّبُ غِلْظَتِي
بمياهِ عِشْقٍ
كما فَعَلَ الرَّحيقُ بقَلْبِ نَحْلِ

وأسقي حانةَ الأحْزابِ رَأياً
يُقَّدَّمُ مِنْ نَبيذٍ مُستقِلٍّ

وأتخذُ الدُّموعَ
طريقَ عُشْبٍ يصيدُ غزالةً
مِنْ غيرِ نبْلِ

وأبتكرُ الحنَانَ على جبالٍ

يكابرُ صخرُها

في زحفِ سيلِ

وأمتَهِنُ السلامَ لدى شِفارٍ

يعدُّ الطهيَ..

لا مِنْ أجلِ قتْلِ

وأكتَشِفُ الكَرامَة

في رغيفٍ

تفلَّتَ مِنْ يدِ الجوعِ المُذِلِّ

قفاري اخْضرَّ في لحْنِ الأماني
وصِرْتُ حصادَ
مَنْ غنَّى بحَقْلي

ولو فصّلتَ أوتارَ المُغَنِّي شِراكاً؛
لَنْ تقيِّدَ رقْصَ نخْلي

فلا تحْرُسْ بمسْجِدِنا حَماماً
وفي كفَّيْكَ
طلقٌ لا يصلِّي

رِسَالَةُ النَّخْلِ للرِّيحِ

لَمْ يُمَكِّنْ للأبجديَّاتِ حَذْفَهْ
حيثُ بالموسيقى
يُضفِّرُ حَرْفَهْ

لانَ جِذْعاً
دونَ انكسارٍ بكفِّ الرِّيحِ..
أهدَى
تواضُعَ المَجْدِ حِرْفَهْ

جِذْرُهُ امتَدَّ
في خريطَةِ حُلْمٍ فوقَ أسوارِها
يُؤرِّخُ نزْفَهْ

وعلى أحْجارِ الزَّمانِ
لَهُ موضِعُ إزْميلٍ
كَيْ يُبارِزَ سَيْفَهْ

ولَهُ بصْمَةٌ
على الرَّمْلِ
مِنْها
جَمَلُ الصَّابرينَ يعرفُ خُفَّهْ
كالفراعينِ
في صُخورِهِمُ العَذْراءِ يُلقونَ للحضارةِ نُطْفَهْ

ولَهُ في الجَمَالِ:
خُطوةُ فُرْشاةٍ تمشَّتْ بالرُّوحِ
فِي كُلِّ تُحْفَهْ

ولَهُ فوقَ جِلْدِ "عنترَ" لوْنٌ
فوقَهُ ابيضَّتِ العمائمُ عِفَّهْ

ولهُ فِي فَهْمِ الرِّسالةِ:
إحياءٌ
وإلا فِي حمْلِها:
مَوْتُ "طُرْفَهْ"

عَرَبيٌّ..
لَوْنُ الضميرِ
فحاذِرْ
أيَّ ألْوانٍ مِنْكَ ترْسِمُ كفَّهْ

ضمَّدتْ خوْفَهُ
حَمَامَةُ غارٍ
ليْسَ دُستُورُها يُشرِّعُ حتْفَهْ

صَوَّبتْ للوجوهِ
بَسْمَةَ شَمْسٍ
ثُمَّ ألغى
جيْشُ الغماماتِ زَحْفَهْ

يَدُهُ
-في سلامِها-
سَعَفٌ
أُهْدَى لَهُ مِنْ صُنْعِ السَّحابةِ شُرْفَهْ

مالَ مِنْ مِعْطفِ الصحارى
دلالاً أَخْضَراً..
تصطفُّ الغزالاتُ خلفَهْ

ومِنَ النِّيلِ الأزرقِ اشْتقَّ خَمْراً
نادمَ الوادي
حينَ أسْكرَ صَيْفَهْ

شَبَّ عَنْ أسْوارِ العُروبةِ
والرَّاياتُ
-مجبورةً-
تخالفُ عُرْفَهْ

كُلُّ أنفاسِهِ مِنَ الضَّوءِ
فاخْضرَّ شُمُوخاً
لَمْ يُعطِ للرِّيح قطْفَهْ

شَعَّ مِنْ سيْفِهِ
بريقٌ مُهَابٌ
مِنْ بلادٍ
لا تجْعلُ الحَرْبَ حِرْفَهْ

العالمُ في فِطرةِ مجْذوبٍ

لو لاحَ العالَمُ في فِطرةِ مَجْذوب
لمَشى في جُنْدِ سُلَيمانَ مُهاباً
لا يتنمَّرُ
أو يَسْخَرُ مِنْ نَمْلهْ..

لتخلَّى عَنْ حِرْفةِ عَقْلٍ تبتكرُ فخاخاً
تَنْتَهِكُ طَريقَ العُصفُورِ القادِمِ مِنْ حَنْجَرةِ الرَّعْد
ببِضْعةِ أنغامٍ
تضبُطُ آلاتِ العَزْفِ المُخْتلَّةْ..

لَتعفَّفَ عَنْ مِهَنِ النّار
بدكّانٍ مزْدَحِمٍ بالشَّحْناءْ
ومشى في اسْتحياءٍ
كبناتِ شعيْبَ إلى مِهْنةِ ظمآنٍ للماءْ..
وتوظَّفَ فِي أجرانٍ يتكوَّمُ فيها محصُولُ الإنسانيَّة
ليغربلَ أفئدةً فِي غرْبالٍ ريفيٍّ
كيْ يُلقِيَ بالأحْجارِ الباقِيَةِ إلى السَّلَّهْ..
وبدا أُمِّيّاً كشعاعٍ
أفلتَ مِنْ مصباحٍ يتهجَّى الليلَ
ويتعلَّمُ؛ كيفَ على العالَمِ تشرقُ زنزانةُ مانديلا؟!

لتَقَاضَى السَّجَّانونَ رواتِبَهُمْ في نحْتِ تماثيلِ الحُرِّيَّهْ..
لتحوَّلَ أسطُولُ البَحرِ بأيدي الأطفالِ
قواربَ ورَقيَّهْ..
ولحوَّلَ بنيانَ قذيفتِه الحمقاءْ
زُمرُّدةً خضراءْ..
تتدلَّى مِنْها حَبَّاتُ الزَّيتُونِ الأخْضَرِ إكليلاً
في ناصيةِ القُبَّةِ ليلةَ إسراءْ..
فتصيرُ "القُنبُلةُ" بكَفِّ الخطَّاطِ العَربيِّ
ـعلى حذْفِ النُّونِ-
زخارفَ لـ"القِبْلهْ"..

لو لاحَ العَالمُ فِي فِطْرةِ مَجْذوبٍ؛
لتعمَّمَ بالرَّاياتِ، فلا تُغْضِبُ هامتُهُ رايَهْ..
لاعتنقَ الجيتارُ قراءتَهُ؛ ليجرِّبَ نايَهْ..
فيُوزِّعَ مِنْ حَلْوى البشريّةِ قِطعاً
حولَ ضريح مخضَرٍّ لا يعنيه:
أيلْبَسُ جلباباً
أمْ بذْلهْ؟

لتصدّقَ بالعَرْشِ على أرْصَفَةِ الضّعفاءْ..
ولوزَّعَ تيجاناً يومَ الأعيادِ على الفقراءْ..
ولأصدَرَ
مرسُوماً
ملكيّاً
جُمهورياً
سُلْطانياً
أَن لا تُرْفَعَ في شكْوى عُرْيانٍ
أقْمَشةٌ تَخْتَالُ بها
أَعْلامُ الدَّوْلَهْ..

لو لاح العَالمُ في فِطْرَةِ مَجْذوبٍ
لنْ يتعصَّبَ لقبيلَهْ..
لبَنَى لبراءتِهِ مبنىً آخرَ للأمم المتَّحدةِ
ليقدِّمَ أغذية الوطَنِ المنْكُوبِ طُفُولَهْ..
لنْ ينحازَ إلى لوْنٍ
كالفُرشاةِ العادلةِ على كرَّاسِ الرسمْ..
لنْ يضعَ على جسَدٍ بشريٍّ
رمزاً أو وَشْمْ..
لغدتْ صَنْعتُهُ النَّقْشَ على الأفْئَدةِ بضحْكٍ عشوائيٍّ
لا تُعْرَفُ أسبابُهْ..

وَالعشَّاقُ
بلا حِزْبٍ
أو رابِطةٍ
أو جامِعَةٍ
طُلَّابُهْ..
لِيُسَخِّرَ كُلَّ مطابعِهِمْ ـقبْلَ طباعَةِ تصريحاتِ السَّاسةِـ
لتمُرَّ على خدٍّ يتيمٍ؛ مِنْ أجل طباعةِ قُبْلَهْ..

لو لاح العَالمُ في فِطْرَةِ مَجْذوبٍ

لأدارَ الأرْضَ على الموسيقى دوَرانَ التَّنُّورةِ

في زركشةٍ مِنْ ألوانِ الطيفْ..

والليلُ يطرِّزُ فستانَ الأضواءِ

فلا يجدُ العابرُ جسْماً للخوفْ..

ولقلَّمَ للتَّاريخ أظافِرَهُ

كيْ لا يكتبَ أمجادَ حكايَتِهِ بدِماءِ الشُّهَداءْ..

ولطافَ بكلِّ مخيَّمٍ مَنْ شردوا

ليحرِّرَ للأيتامِ بساتينَ الجُغرافيا المحْتَلَّهْ..

السّجل الأخير

سِجلٌّ..
قَدْ تبقَّى مِنْ سماءِ نبِي
خاناتُ أمْجادِهِ
تصْطفُّ بالشُّهُبِ

شِعْري يقُصُّ خُطوطاً فيهِ شائكةً
بينَ البلادِ
التي غَنَّى بها العربي..

يصوغُ بينَ محيطِ الضَّادِ
"شِبْهَ جزيرةٍ"
نَمَت للسانٍ غيْرِ مُغْتَرِب

يخُطُّ فوْقَ رمالِ العائدينَ

غداً يؤرِّخُ الأمْسَ

بالأزْهارِ والعُشُبِ

وعُدتُ للأصْفَهاني ظِلَّ أُغْنيَةٍ

تلوحُ مِنْ

خُطْوةِ المِزْمارِ في الحِقَبِ

ومِنْ قصيدي حَمامٌ

جاءَ يُعْلِنُ ما

بيني وبينَ السَّما والأرْضِ مِنْ نَسَبِ

بريدُهُ مِنْ وصايا الغَارِ
مُنْذ رأى
أغصانَهُ فِي حُدودِ الشَّوْكِ لَمْ تطِبِ

تصفَّحَ النورَ..
عن عينٍ مسافرةٍ إلى النُّجومِ
بلا تأشيرةِ الحُجُبِ

يتلو بلاداً
بفكْرِ المُزْنِ
يحسبُها
كالبَحْرِ إذْ
يهَبُ الأقدامَ للخَشَبِ

سِجِلٌّ..
فوقَهُ عُنْوانُ قافلةٍ
هيَ الدَّليلُ
لسيْرِ الماءِ في اللَّهَبِ

قد امْتطى جَمَلُ المَعْنَى خريطتَهُ
فهلْ يُقابلهُ الحُرَّاسُ
بالرُّطَبِ؟!

تختَالُ فِي عُشْبها بغْدادُ
منْذُ رأَى
شريانَ دِجْلةَ
يُجْري الفِكْرَ في الكُتُبِ

أتى بِوَرْدٍ دِمَشقيِّ الفصيلةِ

كيْ

تُقلَّدَ الأرضُ

بستاناً مِنَ الرُّتَبِ

تدُبُّ حوْلَ نخيلِ الشَّامِ عزَّتُهُ

مُحمَّلاً

مِنْ ثَرى صُنْعاءَ بالعِنَبِ

مسْتَسْقياً

قلْبَهُ الظمآنَ في بَلدٍ

على رمالِ الحجازِ

انْدَسَّ في السُّحُبِ

مُزَمَّلاً

بالهُدى بينَ الخيام

وآلُ البيتِ قدْ مصَّروا الأوتادَ بالقُبَب

مسْتعْذباً

رشْفةَ الطنبورِ

تحتَ يدٍ سَمْراءَ

مِنْ خَمرةِ السُّودانِ لم تَتُبِ

يقودُهُ زايدٌ

مُذْ عَدَّ نخلَتَهُ

زاداً يُجَدِّدُ غَرْسَ العِلْمِ والأدبِ

تُظِلُّهُ تونُسُ الخضْراءُ
مِنْ قلَم الشابي؛
"إذا الشَّعْبُ يوماً" فِي السِّجِلِّ أَبي

تطلُّ فيروزُ مِنْ إيقاع هوْدَجِهِ
كأنَّ بيروتَ
معزوفٌ بها لَقَبي

في خَطْوهِ صارَ ليبيَّ الصُّمُودِ
على صحْراءَ
يَصهَرها المختارُ بالذَّهبِ

يرويه درويشُ
مِنْ أقْصَى قصائدِهِ كَرامَةً
أنْضَجتْ زَيْتُونَةَ العَرَب

غنى "بلادي" على نيلٍ
فأصبحَ مِنْ أَلْحانِ درويشِهِ
"سجِّلْ أنا عَرَبي"

ما تبقَّى مِنْ رصيدِ الوردِ

مُنْذْ سَنَّ السُّيفُ أسناناً
وأعطى مهنَةَ المضْغ لرشَّاشٍ
ولَمْ تشْتَدّ أكتافُ البساتين التي تكسو فؤادَ الأرْضِ
مِنْ لحْمِ الحنانْ..

تلعقُ النيرانُ عَهْداً تلوَ عَهْدٍ
في دماها
بلسانٍ بعْدهُ يأتي لسانْ..

لمْ أعُدْ إلا بقايا مِنْ رمادٍ..

لبخورٍ ذابَ
حتَّى نُقِّحِت أنسامُهُ مِنْ حَسَدٍ..
كمْ يتَّقيهِ
العاشقانْ..

ما تبقَّى مِنْ رصيدِ الوَرْدِ..
بعْدَ الحَرْبِ
إلا
خُطوةٌ للعِطْرِ..

تَمْشي فِي دُخانٍ مِنْ لظَى تنهيدَةٍ
تلْقِي شظايا الغيْظِ
إذْ بالأرضِ تبدو تحْتَها شِبْراً..
وبلُّوراً مشَى فيهِ شُعاعُ العينِ باعاً..
خطوةٌ مِنْ خلْفِها
قَدْ صارَ قَلْبي قفزةً مِنْ عابرٍ
بينَ الدُّخانْ..

ما تَبقَّى مِنْ رصيدِ الورْدِ
بعدَ الحَرْبِ

إلا
نَكْهةٌ للحُبِّ
تُهْدِي الخُبْزَ دَرْباً آمناً في حَلْقِ كُلِّ الجائعينْ..
تُكْسِبُ الأوطانَ طَعْماً طازجاً
كمْ يشتهيهِ النَّازحونْ..
نكهةٌ للعدْلِ
تُزجِي مُزنةً تُلْقَى لأفواهِ الصَّحارى..
حيثُ لا تنسى لُعاباً ظامئاً
لمْ يتهجَّى أيَّ نبْعٍ للحياهْ..
تمْنَحُ المِلْحَ لأرضٍ

لمْ تَكُنْ كالبَحْرِ يَوْماً
حينَ أعطَى بالتساوي المِلْحَ فِي كفَّ المياهْ..
لمْ تكُنْ كاللحنِ يوماً
حينَ يمشي ضاحكاً في كُلِّ أذنٍ..
هكذا قد صارَ يمشي عادلاً في لهْوِهِ لحْنُ الكمانْ..!

ما تبقَّى مِنْ رصيدِ الوردِ
بعْدَ الحَرْبِ
إلا
حَفْنَةٌ في الكفِّ

مِنْها تستعيدُ الأرْضُ جِلْداً
مِنْ سلامٍ ضِدَّ خَدْشِ القاذفاتْ..
حَفنةٌ
في كفِّ بُستانيِّ أوطانٍ
يداوي حلمَهُ الباقي..
بجرح السوسناتْ..

هكذا عُدتُ بقايا مِنْ رمادٍ
بعْدَ هَضْمِ الوَرْدِ طُولَ الدَّهْرِ في جوْفِ الدُّخانْ..

نشيدُ النخلة

حُلْمٌ مِنَ الرُّطَبِ الجوعى بِهِ سُعِفوا
رمَوه ذُو قِصَرٍ؛ مُذْ فاقَهَم سَعَفُ

في جاذبيَّتِهِ للأرضِ
هروَلَ بي عزْمٌ
ولكِنْ بكفِّ الغيمِ يُقْتَطفُ

الذَّلُّ أثْقلَ ظَهْرَ الطَّينِ مِنْ زمَنٍ
إذ قالتِ النخْلةُ:
"استَبْشِرْ فلي كَتِفُ"

"أنْدَسُّ عُشْباً لإطعامِ الدوابِ وكَمْ
شاركْتُ في الظِّلِ سُحْباً
طبْعُها التَّرَفُ"

"دمي فصيلةُ صَلْصالٍ
تفرُّ إلى عُمْقِ السَّماءِ
من النارِ التي اكتشفوا"

"مذْ كنتُ أمشي
على أشواكِهم نَغماً
قَدْ طأطأ البغْيُ
مِنْ أقدامِ مَنْ عزفوا"

"يشْقَى بِيَ السَّوْطُ
والأجْراسُ في شفتي
تستنْبِتُ الآهَ تمْراً أينما أقِفُ"

"يراقِصُ الرِّيحَ ليني
كُلَّ عاصفةٍ
فاسَّاقطَ اليأسُ في أنفاسِ مَنْ عصفوا"

"لا تَشْتَر الوُدَّ
لو بارت بضاعتُهم
مَنْ روّجوا الحِقْدَ؛ في أسْواقِهمْ تَلَفُ"

"يباركونَ لهيباً لم يجدْ حَطباً
وفوقَ صَحْرائِهمْ
من مدمعي ارتشفوا"

"يعايرونَ الليالي بالخُسُوفِ
وفي تحْجيبِ كوْكبِهمْ
قلبي هُوَ النَّجَفُ"

"لا يكتمُ العِطْرَ
تكميمُ الورودِ
وقد فاحَ الذين على أشواكِهم نزفوا"

كي أؤرِّخَ أمنياتي القادمة

إنِّي أتيتُكِ هاهُنا..

عمري مسافةُ رحلتي

ومعي سجلٌّ

كيْ أؤرِّخَ أمنياتي القادمهْ..

إذ جِئتُ مِنْ فضْلِ الدُّموع على كفوفِ الرِّيح أُعْصِرُ

مِنْ قميصٍ غمامةٍ

بالحزْنِ عاشَتْ قاتمهْ

فإذا بها اهْتَرَأَتْ على بدْءِ انفلاتٍ

من شُعاع الحُلم في قوسِ السَّماءْ..

لأُطِلَّ مِنْ صَرَخاتِ رَعْدي بَحَّةً
ودمي انسكابُ سحابةٍ
ضحَّتْ لتبعثَ للهوى رُوحَ النَّماءْ..

حُلْمي أكونُ قصيدةً تخْتالُ في لُغةِ المحبَّةِ
حيثُ تنشدها شِفاهُ الأرْضِ
تكتبها كفوفُ الصَّخْرِ
أوَّلَ موْعدٍ بينَ الصحارى والجداولْ
وأصوغُ تسبيحَ الأنامِلِ رَقْصةً تمشي
على وَتَرٍ يخيطُ الفرحَ في ثَوْبِ الأراملْ

وأمرُّ من صَخَبِ البراكين التي امتلأت شظايا مِنْ قُلوبْ..
أحصي خطى قابيلَ
مِنْ فوقِ الثرى
لا كي أؤرِّخَ للهوى عُمْرَ الحُروبْ
بل كيْ أؤرِّخَ أمنياتي القادمهْ..

وسكِرْتُ وحْدي كالنسيمِ
إذا تمايلَ بالشَّذى..
متبرِّعاً بدمايَ حين أذوبُ في نبْعِ الرَّحيقْ..
فالوردُ مسفوكٌ على أثَر الخيولِ

ولم يجد منه الغبارُ سوى الشَّهيقْ..
حتى انهطَلْتُ مِنَ الدِّموع أطَمْئِنُ الغُصْنَ الذي يخْشَى الحَريقْ..
وأنامُ فوقَ حَصاهُ مُخْضَرّاً
كهذا العُشْبِ ملفوفاً على جُرْحِ الطَّريقْ
وأقومُ أحْرُسُ غَفْلةَ الليلِ المُهَدَّد
رُبَّما إنْ طَلَّ في عينيَّ يُؤنِسُهُ البَريقْ..

قد جئتُ أنثرُ يقظتي فوقَ النِّيامْ..
ويداكِ تقتطفانِ قلبي للهوى
زيتونةً نضجتْ على غصْنِ السَّلامْ..

وبِشمْعتي يتعلَّمُ الخُفَّاشُ

-في سَهَرِ الفراشاتِ- الوَسَنْ..
فأدسُّ قَلْبي في رضا الوَجْهِ الحَسَنْ..

إنِّي أتيتُ
أَهُزُّ للآمالِ جِذْعَ الصَّبْرِ
حتى أضبطَ الزلزالَ تحْتَ شموخِهِ..
وشعاعُ حُلمي انْسَلَّ سَهْماً
لا يقيمُ الحَرْبَ يوماً في
بساطةِ كوخِهِ..

إنِّي أتيتُ
أعيشُ فِي كوخٍ بسيطٍ
يطْرُدُ الفئْرانَ بالقِططِ الوديعهْ..
وأبيتُ أنفضُ عنْ جبينِ الليلِ بُوماً
لنْ يدومَ على وضُوءٍ عدَّهُ فجْرٌ جديدٌ
سوفَ يغسِلُ وَجْههَ في النِّيلِ
إذْ نظرتْ لَهُ الشَمْسُ البديعهْ..

إنِّي أتيتُكِ..
بي تفاؤلُ قادمٍ
لأورِّخَ الغيْبَ المطِلَّ على نوافذِ مهجتي بالأمنياتْ..

أطلقتُ شِعري هودجاً
يمشي لينْقُشَ أمَّةً فوقَ الرِّمالِ
بغيرِ سيْفٍ أو نبال..
لأرى قوامَكِ بازغاً مِنْ هودجي
كالعودِ بينَ الأغنياتْ..
فالشِّعْرُ هَمْسٌ
كَيْفَ يُمليهِ المدى يَوْماً على أُذنِ الرُّعُودْ
وأنا أُسافِرُ نحو أحلامي البعيدةِ
كالرَّمادِ مع الرِّياحِ
ولا أَعودْ..

للطِّينِ لونٌ واحدٌ

لوَّنْتَ طينكَ
والألوانُ تلْفيقُ
لها بمعْتَقَدِ الحِرْبَاءِ تصديقُ..!

هلْ كانَ للماءِ لَوْنٌ عِنْدَ عاطِشِهِ
وفي الظَّما
لَمْ يُفرِّقْ بيننا ريقُ..؟!

فالرُّوحُ ريشةُ تَجْميلٍ وصِبْغتُها
لم تكْتَشِفْها لأجْسادٍ
مساحيقُ

مشى كلانا وراءَ الآهِ إمَّعَةً..
وهَلْ يُعَارِضُ
أمْرَ الآهِ مَرْمُوقُ؟!

دمعي ودمعُكَ..
فرِّقْ بين لونِهما
إنْ كانَ بين طُعُومِ الجُرْحِ
تفريقُ

دائي وداؤكَ..
في إيلامِنا اتفقا
ولم يُداوِ اختلافَ الجنْسِ توفيقُ

ما استكْبرَ المَاءُ من فوقِ الجبالِ

وقدْ مرَّتْ بعَدْلٍ

على الوَرْدِ الأباريقُ

فلا يعيبُ بذورَ الأرْضِ مدْفَنُها

ولا يميزُ دُخانَ الجَوِ تَحْليقُ

ولم تنافِقْ مرايا

وجْهَ صاحبِها

ولَمْ

يعظِّمْ

عظامَ القَبْرِ تصفيقُ

مِيَّزْتَ لوْنكَ

والفُرْشاةُ تجهلُنا

منها كلانا بنقْشِ المَاءِ مَخْلُوقُ

جئنا عرايا

فلا ثوبٌ يُقَدَّمُ مِنْ تفاحةٍ

كَمْ لها فِي أرضِنا سُوقُ..

نخوضُ مَعْرَكَةً
قانُونُها جَسَدٌ مُسْتَعْبَدٌ
في يَدِ الأهواءِ مسْرُوقُ

فاستَعْبَد الطِّينَ
في ماءِ الحياةِ هوىً
وأينَ صارَ تُراباً
فهْوَ معْتُوقُ

بَرْديَّةُ العِشْقِ الأولى

سلامٌ على النّيلِ مِقْدارَ ما رتَّلَتْهُ السَّواقِي
أَمامَ النَّخيلِ
فردَّدَ صوفيَّةَ الماءِ عِنْدَ تمامِ الصُّفوفْ

ومِقْدارَ تجديفِ مَعْنىً
سعى بالقوارِبِ نَحْو اصْطِيادِ الجمالِ
وفي شفتيَّ شِباكٌ رَمَتْها الحُرُوفْ

ومقْدارَ أشْرعَةِ الرُّوح
فوْقَ انْسيابِ الرَّبابَةِ في ضِفَّتيَّ الدُّفُوفْ..

سَلامٌ على النِّيلِ حيثُ جرى

ليُعالجَ عُقْمَ الصُّخُورِ

وفي مقلَتَيْهِ خُيُوطُ الدُّمُوعِ

تُحَرِّكُ أفْئِدَةَ العاشقينَ دُمىً

فوقَ مسْرَحِ طِفْلٍ بهيجٍ يُقَدِّمُ وجْبَةَ أَحْلامِهِ للضُّيُوف

سلامٌ إذا اصْطَفَّ شَمْعُ الهوى

فَوْقَ حِنّاءِ قلْبٍ يؤُمُّ طُمَأْنينةَ النُّورِ

والليلُ سجّادةٌ لم يطَأْها خُسُوف

سلامٌ إذا صَافحَ الخَصمُ خَصماً لكي تتوَضَّأَ بالرَّحَماتِ الكُفُوفْ..

إذا غَضَّ طرْفُ الحِجارةِ عنْ أَمْنياتِ الثِّمارِ

إذا امتَصَّ زَهْرٌ قُلُوبَ الصِّغارِ

وعِطْرٌ شَهِيّ

سعى في بريدِ الرِّياح يزورُ تجاعيدَ وَجْهِ الخريفْ..

سلامٌ على فَرْحةِ الشَّعْبِ

بينَ شُمُوعِ المواليدِ

في كُلِّ لَيْلٍ يُقيمُ احتِفالاً لكُلِّ هِلالٍ جديدْ..

سلامٌ على الأمنياتِ..

على الأغنياتِ..

على النَّاي

والشَّاي في سَهْرةٍ في القُرَى.. في نُجوعِ الصَّعيدْ

فما زِلتُ طِفْلاً أغَنِّي، وقلبي فوانيسُ تَطلي ضفائرَ قُبَّةِ شَيخٍ

مشى في بلادِ الإلهِ يُمَشِّطُ فيها الكُهُوفْ

فوانيسُ أُشْعِلُ شمعاتِها بالحَنين

إلى بائعٍ شاخَ في بيع حَلْوى الطُّفُولة

فوْقَ الرَّصيفْ

وما زالَ ينثُرُ فوقَ رَحَى الصَّبرِ حِنْطةَ جَوْعى

يُداوي على سُمْرةِ الطَّمْي شيْباً

ويلْعَبُ بينَ النَّخيلِ الفتيِّ

ويرْمِي ببَسْمَتِه كُرَةَ الودِّ؛ تُسْعِدُ مَرْمَى اليتامى

وينزعُ كَأْسَ البُطولةِ عَنْ مُعْلِنِ الحَرْبِ في كُرَةٍ

لا تَدورُ بجَوِّ الدُّخَانِ المُخيفْ

سلامٌ على مصرَ دلتا ووادي

ونيلٍ يُقَدِّمُ قهوةَ سُهْدٍ

تُصَبُّ لفأسٍ تُحنِّي بلادي

سلامٌ على امرأةٍ

هذَّبَ المشْيُ مِنْ قدَميها الدروبْ

تبيعُ لريقِ الصَّباحِ الحليبِ

فيخجلُ مِنْه سوادٌ سرى فِي مشيبِ القلوبِ

وتشرحُ للسَّاسةِ "الملْكُ كيفَ أتاها"

وتصنعُ بالحطبِ الجافِ عرشاً

ليجلسَ فيه الرغيفْ

سلامٌ عليكَ أخِي يا بْنَ أُمِّي:

لماذا نَشِيبُ؟

نمزِّقُ تلكَ الوصايا

ونَفْطِمُ فينا الطُّفولَةَ عَنْ لَبَنِ الحُبِّ

ثُمَّ نُرَبِّي لأكْلِ اللحُومِ ضُروسا؟!

فهَيًّا لِنَبْقَى رَضِيعَيْنِ فِي ثَدْيِ أُمٍّ

تعيشُ مَدَى الدَّهرِ بِكْراً

ومنها تَغارُ الصَّبايا

متى ملأَتْ مِنْ فَمِ النِّيلِ فَخَّارَ حُسْنٍ
فتُنْجِبُ فينا الشَّهامَةَ، ثُمَّ تَعُودُ عَرُوسا..
ونصطَفُّ في عُرْسِها بقلوبٍ
تدُقُّ عليها كُفُوفُ الحَضارةِ مِثْلَ الدُّفُوف..

سلامٌ على النيلِ
إذْ أخذَ الطِّفلُ منه مواقيتهُ للرَّضاعْ..
ولم يفطم الأرْضَ
إنَّ بلوغَ الفِطامِ يُحَدِّدُ سِنَّ الصِّراعْ..

وكيْفَ نُقَلِّبُ فينا الجِدَالَ

ونحنُ ككوبَيْنَ مِنْ لَبَنٍ
قد غَدَوْنا نَصُبُّ بوادي الصَّفاءِ نُفُوسا؟!
فتستوطِنُ النسمةُ البِكْرُ أفْئِدَةً تتدلَّى بجذْعٍ
يُداعِبُهُ الفَجْرُ في رِئَتِيِّ الشُّمُوخِ
متى هزَّهُ الحُبُّ
ساقطَ في حِجْرِ كُلِّ الليالي شُمُوسا

سلامٌ إلى كَفِّ مَنْ لا يصيدُ العصافيرَ
حينَ تُرَتِّبُ فِي الغيْمِ بعْضَ الرُّفوفْ
وخوفُ الليالي تبخَّرَ بينَ اصطفافِ الأشِعَّةِ
من خلْفَ بُرْج الحمام..

سلامٌ إلى كفٍّ مَنْ سَدَّ كُلَّ جُحُورِ الثَّعابينِ ليلاً

وكلُّ العِبادِ نيامْ..

إلى شَمْعةٍ في الظَّلام

تُناصِرُ بدراً تلقَّى مِنَ الأرضِ فِكْرَ الخُسُوف..

سلامٌ عليكَ أخي.. قُلْ لماذا نَشِيب؟

سَنَبْقى صِغاراً نُصَبُّ على شَفَةِ الأرْضِ

أَسْفَلَ كُوبِ الحليبْ..

فكُوبُ الدِّماءِ ـإذا ما كَبِرْناـ مُحلّىً بِعقْلِ المَشيبْ..

سنَبْقَى صِغاراً

نُلملمُ حبّاتِ أفْئَدَةٍ خَلْفَ مِسْبَحةٍ حمَلتْها أيادي الشَّتاتِ..

لنا أبْجَديَّةُ وُدٍّ لكُلِّ اللغاتِ

ووادٍ لمرضعةِ الصَّبر

يعصرُ نيلاً..

لأمٍّ لديها الطُّفُولَةُ تعْطي الأماني دُروساً..

تُوَرِّثُ للأرْضِ عِشْقاً بقلْبٍ يخُطُّ الوَصايا..

وتتلو على الكونِ

برْديَّةً تتهجَّى الحَضاراتُ مِنْها الحُرُوفْ..

نشيدُ العطرِ للدُّخانِ

خَلْوَةُ النّيلِ
لا تَمَلُّ دُموعا
في حَصى
رَتَّلَ الزُّهورَ خُشوعا

والليالي
على الضّفافِ تَحَنَّتْ
والثَّرى يَحْمِلُ النّخيلَ شُموعا

ويَدُ الكادحينَ بوْصلةُ الشَّمسِ
تَمُرُّ الرِّمالُ مِنْها ربيعا

والأواني على الصَّبايا
تُمُورٌ
والعَطاشَى
مرُّوا فهزّوا جُذوعا

والفراشاتُ تسْتَعِدُّ اعْتكافاً فِي ربيعٍ
أعْلَى يديهِ فُروعا

صاغنا النّايُ
للحكاياتِ لَحْناً
قبْل أن يُولَدَ السِّلاحُ ضَلِيعا

كَعْبَةٌ مِنْ لَحْمٍ

ـبَدَتْـ

ودَمٍ

تَرْمِي أبابيلُها هَوىً ودُمُوعا

وفؤادي

ارْتَداهُ حُجَّاجُ عِشْقٍ

فاحْتَوى الثَّوْبُ أحمداً ويَسُوعا

أحْرموا
حتَّى قلَّمَ الفِكْرُ ظُفْراً
وغَدَتْ جَبْهَةُ الحُرُوبِ بقِيعا

الضَّعيفُ استعادَ فيهم طوافاً
لم يكنْ في جِدالِهمْ
مُسْتَطيعا

مَنْ يُعيدُ الحياةَ بكْراً إلى بُرْجِ حمامٍ
يُهْدي المشيبَ ضُروعا؟!

وفطامُ القلوبِ دهْراً يُقاسي شيْبـةَ البُغْضِ
لمْ يُصادِفْ رَضيعا

والخفافيشُ تستبيحُ صلاةً
في نِداها
تنْوي النُّجومُ طُلُوعا

هلْ يُعيدُ القنَّاصُ جُمْجُمَةَ الأرْضِ
إلى رأيٍ قد يعودُ مُطيعا؟!

رُبَّما برّأوه ذئباً

ولكِنْ

يرْجِعُ الذَّنْبُ

إِنْ رآنا

قطيعا..!

دارَتِ الأرْضُ

حَوْلَ قابيلَ..

كيْفَ الشَّمْسُ يُهدي لها الغُرابُ رُجُوعا؟!

كُرَةٌ

لا تشُوطُها الحَرْبُ فِي مَرْمَى اليتامَى
ولَـمْ تُتَوِّجْ خُنُوعا

عِشْتُها نَمْلَةً..
وَلَمْ أرَ مِنْ جُنْدِ سُلَيْمانَ
عِنْدَ موتي شُرُوعا

هَلْ ترَى السُّنْبُلاتُ حَرْقاً بنَارٍ
فوقَها الخُبْزُ
كم يُداعِبُ جُوعا؟!

كيفَ يطفو الخِصامُ فوقَ نزيفٍ

والتَقَى القَطْرُ

باللهِيبِ قَنُوعا؟

واكْتسى وَجْهُ الشَّرْقِ ألْوانَ طَيْفٍ

وحياءُ الغمامِ

يمشي بديعا

فجِّروا العِطْرَ

فِي زفيرِ دُخانٍ ماطلَ النُّورَ

حينَ شاءَ سُطُوعا

عانقوني رغْمَ الخِلافِ بدفءٍ
هذهِ الشَّمْسُ
لا تُعادي صَقِيعا

بينما الحُبُّ
كمْ يُخالِفُ حرْباً
حَقلُها لَمْ يغْرسْ لقلبي ضُلُوعا

لم يزَلْ يتلو العِطْرُ
فوْقَ دُخَانٍ:
تركُوا الوَرْدَ في الرَّمادِ
صَريعا

فالشَّذا

في فَمِ الجَمَالِ نشِـيدٌ

توَّجَ الرِّيحَ

فِي الفَرَاغِ ذُيُوعا

وحيداً سأعْزفُ للسَّيْفِ رَقْصتَهُ

أتى كالنَّشازِ إلى نَغمي العَربيِّ..

وألقى الضَّجيجَ على مسرحي المَرْمَريِّ..

إذا ما رآني وحِيداً

كَنَاي جريءٍ تعرَّتْ شبابيكُهُ فِي مَهَبِّ الرِّياح

بلا طعْنةٍ مِنْ غَريم

ولا طلْقَةٍ فِي المحَافلِ طائشَةٍ..

هكذا اشتدَّ غيْظُ صراخِ الرَّصَاصةِ..

بُوقُ المعاركِ..

عانَدَني مَنْ أماتَ الفراشَ بصوتِ الصهيلْ..

فقلْتُ:

وحيداً سأعْزفُ للسَّيفِ رَقْصَتَهُ مِنْ جديدٍ..

على عَتَبَاتِ القصيدةِ

خارِجَ "كُورَال" تِلْكَ الخُيولْ..

وأكْسِرُ قَاعِدَةَ الحرْبِ فِي نَفْخ أَبُواقِها

وقَوانينَ إيقاعِها عِنْدَ دَقِّ الطُّبُولْ..

أعيدُ قراءةَ نُوتَةِ أَلْحَانِهِ فَوْق جُمْجُمَةِ الأرْضِ

فِي رَفْضِها الانْحِنَاء لعزفِ الصَّليلْ..

كناي تَمَشَّى بأنْغامِهِ الطَيْفُ

خارِجٍ كُلِّ سِياجٍ الغبار

سأسعى

لكي تَسْتَحِمَّ البلابلُ أَسْفَلَ صُنْبورِ قافيَةٍ

خُصِّصَتْ للأَغاني

وأتْبَعُ أوَّلَ قاعِدَةٍ لارْتِجَالِ الحَماماتِ للشِّعْرِ

فِي صَفْحةٍ لم يزُرْها "الخليلْ"..

وأغْزِلُ للزّهْرِ جُبَّتَهُ
كيْ يُطِلَّ أنيقاً مِنَ المزْهَرِيَّهْ..
يُؤَذِّنُ بالمِسْكِ فَوْقَ الدُّخانِ
ويُبْهِجُ أنْدَلُسَ العَاشِقينَ بمِئذَنةٍ أزْهَريَّهْ..
ويفرُشُ مسْرَحَهُ سُنْدُساً أخْضَراً للفراشاتِ
كيْ يتَرَاقصْنَ في حَضرة الضَّوْءِ..
ما الضَّوْءُ بينَ عباءةِ فانُوسِهِ الرّمَضَانِيّ
إلا نَصائحُ شَيْخٍ جليلْ..

وحيداً سَأعْزفُ للسَّيْفِ رَقْصتَهُ مِنْ جَديدٍ..
أقدِّمُ للبُندقيّةِ
حينَ تجوعُ إلى الثَّأرِ:
وجْبَتها مِنْ عَروسِ المواويلِ
كي لا تغيظَ الزغاريدُ
ما سوفَ تفعلُهُ البُنْدُقيّةُ عِنْدَ العويلْ

المسافةُ بين الأرضِ والرَّاية

تَبَخَّرَ الدَّمْعُ فِي أَجوائِهَا سُحْبَا

والقَلْبُ فِي يَدِها

مِنْ مِغْمَدي سُحِبَا

حَتَّى اسْتَعارتْ وُرودٌ مِنْ أَنامِلِهَا لَوْناً

وَمْسْرى دَمِي

فِي العِشْقِ مَا انْسَحَبَا

هَرْوَلْتُ في دَرْبِها كالسَّيلِ مِنْ جَبَلٍ

وكُلُّ مَنْ غاصَ في بحْرِ النُّعاسِ حَبَا

قُدْسِيَّةٌ في رُبَى قِدِّيسَةٍ نَبَتَتْ..
في الدِّيرِ أو فِي المُصلَّى تُنْجِبُ العَرَبا

تطوفُ والتِّينُ والزَّيتونُ
في يدِها على العُروبةِ
لَمَّا اسَّاقَطتْ رُطَبَا

مآذنُ الأرْضِ
مِنْ عذْرائها وُلِدتْ
صارتْ عَلَيْها السَّماواتُ العُلى قُبَبَا

تُطِلُّ مِئذَنةً
كالشَّمْعِدانِ بَدتْ مِنْها الأَهِلَّةُ
تُعطي للضِّيا نَسَبا

تَرْنو لِهَوْدَجِها فوْقَ البُراق
وما هَلَّ العريسُ الذي مِنْ مَهْدِها خَطبا

تلهو البراكينُ في أحشائِهِ
فشكا منه الجليدُ:
لماذا جوَّعَ الحَطبا

وقَدْ بدا دَمُهُ بنزينَ ثورتِها
كالبحرِ يبْدو
وما مِنْ ظامِئٍ شَرِبا

تلوحُ قامتُهُ بينَ الشُّموعِ..
ألمْ يُدرِكْ؟
وظلَّ يغذِّي عُمْرُهُ اللهبا

فِي فَسْخِ خِطْبتِها
جاءَ الشَّهيدُ ولَمْ يؤَخِّرِ العُرْسَ عُمْراً
يَسْأمُ الخُطَبَا

لاحَ الأسيرُ يعولُ الأرْضَ
مُذْ فَقَدَتْ حُرّاً
ومُذْ جاعَ سيفٌ قَدْ يُرَى ذَهبا

شوقاً
يمدُّ لجوفِ الأرْضِ ملعقةً
إفطارُ تحريرها مِنْ صومِهِ وجبا

يُتِّمٌ أصابَ الهوى
فِي عيْنِ مَنْ نَعَسوا
إن لَمْ يكُنْ فِي حَشَاهُمْ حَمْلُهُ كَذِبا

فالحُبُّ ربَّى الفِدا..

لا خوفَ يُجْهِضُهُ

عمامةُ القَلْبِ ليست بالخُنوعِ أبَا

لن يفْقدَ التَّاجَ رَفْضٌ

رأسَهُ قَطَعوا

في حينِ أغرَوْه بالعَرْشِ المُطيعِ أبى

لأنَّها خَمرةُ الأمجادِ

قدْ سَكِروا

وفوقَ صَحْرائِها لَمْ يَزْرعوا عِنَبا

مودَّةً
فجَّروا الأنهارَ مُذْ وجَدَوا
فوقَ السَّرابِ كُفُوفاً تصْنَعُ القِرَبا

تقودُهمْ خُطوةُ الحِرْباءِ..
حينَ بدتْ دماؤُهمْ
لَمْ يَرَوا لوْناً ولا لَقَبَا

ولو بدَتْ حيَّةٌ
مِنْ جلدِها صَنَعوا وَرْداً
وما زرْتُ قبراً يقبلُ الكَذِبا

هل يتَّقي سُمَّها سقراطُ نخوتِهمْ
ولم يدركِ المَجْدُ ما في جوفِهِ سُكِبا

وليسَ عنتَرَةٌ
بالسَّيفِ منتصراً
ولم تجِدْ عَبْلُ لا سعْياً ولا طلبَا

أنتِ المسافةُ بينَ المشرقيْن
فلا تستحسِنُ الشَّمْسُ دَرْباً
يعرِفُ الحُجُبَا

عُمْقٌ يُقاسُ بهِ بَحْرٌ..
كرامتُهُ
ما جاورَ الدُّرُّ
في أمواجِها الخَشَبا

طُولٌ تُقدِّسُهُ في النَّخْلِ عاصفةٌ
ترى الأبيَّ وحيداً
يقطفُ الشُّهُبا

مسافةٌ..
قرَّبتْ أرضاً لرايتِها
يُحصي خُطاها الذي
لم يقترِفْ هَرَبَا

غربةٌ وفنجان ذكرى

أمشي

كآخر عائدٍ مِنْ غربةٍ

لأكونَ أوَّلَ جالسٍ

في بهو مقْهىً صامدٍ

في قفْصٍ شُرْفتِها القديمةِ

كي أراجعَ في دفاترِه ضحايا العاشقينْ..

وإذا بفكْري صَبَّ

ـمن بعْدِ اشتعالٍـ

قهْوةَ الماضي على قلْبِ

غدا للعشْقِ فِنْجاناً على شَفةِ الحنينْ..
وسهرْتُ أرشفُ آهةً في لَيْلِ حُسْنٍ لا يُؤرِّقُهُ الأنينْ
لأقلّبَ الفِنْجانَ بالذِّكْرَى
فما أبْقَى اغْتَرابي سُكّراً للذِّكرياتِ
سوى فُتاتٍ مِنْ حياةٍ
قَدْ تبقّتْ مِنْ طواحينِ السِّنينْ..

فلترحمي في بَحْرِ أمْنيتي حطاماً باقياً مِنْ بعْدِ جَوْلاتِ
السَّفينهْ..
ما في احتمالي أن أرى للحُسْنِ
جيشاً جاء يغزو فيَّ أطلالَ المدينهْ..

ولْتقرئي شِعْري
ففي قلمي خُمورُ دلالكِ المُخْتالِ يُتْرِعُ نظرةً
نعسَتْ على صَدْرِ الدَّفاترْ..
وأنا إليكِ ومِنْكِ
مهجورٌ.. مُهاجرْ..

ذُوبي بأمنيتي
فأمنيتي حِسَاءٌ للجياعِ يذوبُ في غليانِهِ عُمْرُ القديذْ..
قد عادَ هذا الحُلمُ مهترئاً أقدِّمُه كِساءً في صحارى
الخائفينَ..
يدثِّرَ الجسدَ الذي قد نام عُرْياناً

يفصِّلُ زِيَّهُ وَطنُ الثُّلوجِ..
وأنا أفكِّرُ في جُمودي:
كيفَ أحبو
أو أهرولُ

للخروجْ؟!
فأعودُ ملتمساً حدودَ الدفء
حيثُ أغازلُ الشَّمْسَ المُطِلَّةَ مِنْ "أرابيسكِ" الغمامِ
محنِّياً بالضَّوء آثارَ الجليدْ..

لا تُتْرِعي بالغُنْجِ قافيةً مِنَ المنفى تعودْ..
وجميعُ كاساتِ القصائدِ مِنْ دمي سُكِبَتْ..
ولم تستقبل المعنى وعُودْ

هَلْ تفتحينَ مدينتي بسهامِ عينْيكِ؟
إنَّني أحيا بقلْعةِ غُرْبتي وأراك لي وطناً مُسافِرْ
وأرى قوامَكِ نَخلةً حملَتْ حقائبَ رِحْلتي

للغيْمِ فِي عَصْفِ المَعابِرْ..
لا تأخذي قلبي هديَّةَ غُربتي
ويداكِ بينهما
حبالُ الوصلِ لم تؤمِنْ بمبدئها الخَناجِرْ!

كأوَّلِ شراعٍ في النِّيل

رَدَّ النَّسيمُ زفيرَ النَّاي
تَرْتيلَا
وصافحَ الضَّوءُ
كفَّ الماءِ تبجيلَا

وقبَّلَ الغُصْنُ وَجْهَ الشَّمْسِ
في خَجَلٍ
حتَّى بدَتْ رَقَصاتُ الظِّلِّ تَقْبيلَا

مِنْ قَبْلِ أَنْ تطأَ النِّيلَ القوارِبُ
قَدْ مشى شراعٌ
أمامَ الموْجِ قنديلَا

لِيزرعَ النّورَ في طينٍ
تَلوّثَ مِنْ دمٍ
ينابعُهُ أخْطاءُ قابيلَا

مترجماً بالهوى برديَّةً
وعلى كُهَّانِ قريتِهِ ينسابُ تأويلا

أملَى الهديلَ على سَمْعِ الحَمامِ
متى تقابلَ الصَّمْتُ بالإيقاعِ
تهليلا

ألقى وفيّاً
على الأسماكِ حكمتَهُ:
"مَنْ فارقَ النَّهْرَ ـحتماًـ باتَ مذلولا"

"لِي فِي جبيني خُطوطٌ
تُقْتفي جَلَداً
بها جنوبُ المعالي
صارَ مفتولا"

"ضخَّ الحليبَ شَمالاً
حينما وُلِدتْ
مِنْ نيلِهِ الأبيضِ الأحْلامُ تذْليلا"

"جِلْبَابُهُ
مِنْ نسيجي في الرّياحِ
كسَا صَبْراً
على فطْرةِ الصَّيَّادِ مَجْبُولا"

"طُنْبورُهُ
مِنْ صراخي ضِدَّ عاصفةٍ
أعارَ للوتَرِ الشَّادي
المواويلا"

"مِنْ أيِّ ضَرْعٍ
أتى الثُّعبانُ رَضْعتَه؟!
وذاكَ شَعْبي أحالَ المُرَّ معْسُولا"

"مَنْ لوَّنَ الأرضَ دونَ الزَّهرِ حمْرَتَها
فقد سعى في حقولِ الحُلمِ تَقْتِيلا"

"مَنْ شيَّدَ السَّدَّ فوقي مثْلَ مَنْ زعموا
إيقافَ دَمْعِ الأسى يحتاجُ منديلا!"

"ولو بدا
قلْبُ مِصريِّ الهَوَى حَجراً
يشُقُّ بينَ ضِفافِ المَدْمعِ
النِّيلا"

هذا شراعٌ

بدائيُّ الهُيامِ

سعى

مقدِّماً ليدِ الأحجارِ إزميلا

شِعْرى

بدا ظلَّهُ

رغْمَ ارْتجالِ خُطىً..

صدىً

بدتْ خلْفَهُ الأهرامُ ترتيلا

النيلُ مِنْ تَحْتِه

مثْلَ البراقِ سرى

إلى الرّمالِ

فما عادَت غرابيلا

حيثُ الحَضارةُ في

مَسْراهُ سُنَّتُهُ

وظلَّ في مُنْتَهاهُ القِبْلَةَ الأولى

فالحُسْنُ حِنطةُ وادٍ

هلَّ يُوسُفُهُ

فاكتالَ في القَحْطِ وجْهُ الكونِ تَجْميلا

لم يفْطِم الأرضَ

أطهى الخُبْزَ في فَمِهَا

أيَّامَ نالَتْ يَدُ الخَبَّازِ تَوْكيلا

ثِمَارُهُ

في لُعَابِ المَاءِ مِسْبَحَةٌ

فِي وِرْدِها:

باتَ صَوْمُ النَّارِ مقْبُولا

وبينَ مَوْج دمي

قَلْبي جزيرتُهُ

وقدْ رآها قَفارُ الحِقْدِ إكليلا

وجَفَّفَ الظِّلُّ

خطْوَ الرَّمْلِ مِنْ عَرَقٍ

بشاطئٍ طرَّزَ الأشْجارَ مِنْديلا

والطَّمْيُ حَنَّى لعُرْسٍ

كَفَّ ورْدَتِه

وألبَسَ الأيْكَ في الكعْبِ الخلاخيلا

كالطِّفلِ ينْصَبُّ

في شِرْيانِه لبَنٌ للحُبِّ

فامْتدَّ شطُّ القَلْبِ مَغْسُولا

رِبابتي فَسَّرَتْ

في الليلِ رُؤيَتَهُ

فألجَمَ اللحْنُ مَنْ أفتاهُ تَضْليلا

ينامُ

ما بخَّروا مِنْ غَدْرِهِمْ دَمَهُ

يجْري

فلا ينْهَضُ السَّجَّانُ تكبيلا

تُكَحِّلُ البَسْمَةُ الغَرَّاءُ دَمْعَتَهُ
وكم شراعٍ سعى بالحُبِّ تكْحيلا

فكيف نُجري اختلافاً
حول بسمَتِهِ؟!
وإنْ بكى
لن يرى غرقاهُ تزميلا..!

يراودُ الأرْضَ عَنْ أزْهارِها

بَرَاءةٌ ما..
رأَى إثْباتَها الذّئْبُ
وصِرْتُ أَلْهو ويَحْمي حُلمِيَ الجُبُّ

هَلْ ألْهَموا النّابَ طُهراً مِنْ قَميصٍ مُسالمٍ؟
وحبِّي اسْتَحَتْ
مِنْ لحْمِهِ الحَرْبُ

الدَّمعُ في الصَّخْر خَدْشٌ في مهابَتِهِ
وعِنْدَ بحْرِ دمي
هَلْ يُخْدَشُ الذّئبُ؟!

سُنَّتْ على حَجَرِ التَّكْوينِ مِقْصَلتي
متى بُنِيتُ
اشْتهى أطلالَيَ الغَيْبُ

أنا الشَّريدُ بصحْراءِ الغَزالَة
في قلبي سِهامٌ
ولمْ يُسْتَنْزَفِ العُشْبُ

دمِي اشْتعالٌ..
له ضَوْءُ الحقيقةِ شِرْيانٌ
وذاكَ فمي في ليْلِها ثُقْبُ

رَصاصُهمْ لم يَجِدْ في جوِّهِمْ سَعةً
إنْ ضيَّقوا الحِلْمَ
نادَى صَدْريَ الرَّحْبُ

أمشي على الرِّيحِ
أنَّى خُطْوتي احْتَرَقتْ
صارَ الرَّمادُ طليقاً كُلَّما شَبُّوا

وأقتفي فكرةً حيثُ البُراقُ سرى
ليدرِكَ النَّجْمُ
أنِّي تحتَهُ دَرْبُ

فيا لَرُوحٍ تَمشَّتْ فيَّ نزْوَتُها
وعاقَتِ النَّارُ خطْواً داخِلي يَحبُو

ومذْمَعي حينَ آخى البَحْرُ جَذْوتَهُ
في الجُرْحِ
حارَ الأذى مَنْ فيهما العَذْبُ

إذا استلذَّتْ يدا سَوْطٍ وُضُوءَ دَمي
دعَا كِلانا
بشَرْع الله: "يا ربُّ"

ضدَّانِ نَحْنُ..
وبعْضُ الخَمْرِ نُطْفَتُنا
ترادَفَ الخلْقُ سُكْراً إنْ صحا القلْبُ

غنَّى كِلانا على اسْمِ الحُبِّ منْفَرداً
وغِنْوَةُ الحُبِّ
ما عُنوانُها: حِزْبُ

والحَرْبُ أغنية الرَّشَّاش في لُغَةٍ
تلعثمت "راؤها"
لما شَدا الحُبُّ

نهْرانِ مِنْ عَسَلٍ..
والنَّبْعُ قلبُ شعوبِ
يصرُخُ المِلْحُ فيهِمْ: فوقيَ انْصبُّوا

ورايةٌ سَبَحَتْ فيها النُّجومُ ضُحىً
حتَّى..
تَنازَعَ في مِجْدافِها العُرْبُ

هلْ رَفْرَفَ "النِّسْرُ"
و"السَّيْفانِ" مِخْلَبُهُ
أم كلُّ رايةِ عِزٍّ تحتَها شَعْبُ؟!

حُلْمي غدا يُوسُفِيَّ المُلْكِ..
يُمْطِرُ دَمْعَةً مِنَ الحُسْنِ؛ حتَّى يضْحَكَ الجَدْبُ

هَزَزْتُهُ بالنَّقاءِ المَرْيَمِيِّ
فألقى فرْحَةً
قَطَفَتْ دمْعَاتِها السُّحْبُ

يَنْسَابُ في القَحْطِ نِيليَّ الرُّؤَى
وفُراتِيَّ الشُّعاع
فيجني شَمْسَهُ الغَرْبُ

يراودُ الأرْضَ عَنْ أزْهارِها
وإذا عَصتْ
تمكّنَ مِنها الخَازِنُ الخِصْبُ

يسري
وفي قلبِهِ الزَّيتُونُ متَّقدٌ
كالشَّمْعِ
في ليلِها كي يُطفأَ الرُّعْبُ

فهلْ تُدارُ الرَّحى للقَمْح
أمْ ليدِ الحطَّابِ فِي يابسٍ يحبو بِهِ الرَّطبُ؟!

بِرَأْسِيَ الخُبْزُ مَصْلُوبٌ على فَمِها
وعندَ عَرْشِ السَّكارى
بُرِّئَ النَّخْبُ

وبُرِّئَ الذِّئْبُ مِنْ تفَّاحةٍ
قَطَفَتْها الأرْضُ
وانْسالَ في شِرْيانِها الذِّئْبُ

أزورُ حياءَ الجُوع

بدنيايَ متْنٌ
كَمْ تأذَّى بهامشي
وأقصى أماني الجُرْحِ رأفةُ باطشِ

مُؤَرْجَحَةٌ تحْتَ السَّحابِ طفولتي
فصارت نشيدَ الماءِ
في فمِ عاطشِ

أمُرُّ على السَّبْع العجاف مؤوّلاً
أزورُ حياءَ الجوعِ
لستُ بخادشِ

وكَمْ حنّطوا قلبي لخُلد محبّةٍ
وفي جسدي المُخْضَرِّ
قبضةُ نابشٍ

وأرصفةٌ خاطَت لدمعي وسادةً
فضلّتْ خُطى الشَّبعانِ
نومَ مفارشي

يُلَمْلِمُني ريشُ الدوابِ إذا نَوَتْ
كفوفُ بني الإنسانِ
حَرْقَ الحشائشِ

كلحْنٍ هُويَّتُهُ الرَّبابة

سلامٌ على وادٍ..
هنا صبَّ سائلَهْ
وفي حِنْطةِ الأحلامِ ضيَّفَ سَائِلَهْ..

وما كُنتُ أشكو فِي عَرائي خَريفَهُ
وصَافَحَ كَفِّي
كَيْ أخيطَ سَنَابِلَهْ

كضوْءٍ
بأجفانِ السحابةِ ساهرٍ
يحدِّدُ لي زَهْرُ الربيعِ مقابلَهْ

فيقطِفُني ظلُّ البساتين لهْجَةً
غدتْ في ضواحيها
الحمامةُ زاجلهْ

كلحْنٍ تمشَّى في عُروقِ يمامةٍ
هُويَّتُهُ دونَ الرَّبابةِ باطلهْ

أفاخرُ أشجارَ الكنانةِ أنَّني
فصيلةُ نيلٍ
تستعيدُ شمائلَهْ

سلامٌ على عُشٍّ يُدَثِّرُ غِنوةً
تُهذِّبُ رَعْداً يستَبيحُ خَمائلَهْ

على ورْدَةٍ
مصَّ الحَياءُ خُدُودَها
خِضاباً
لَهُ ألْقَى النَّسيمُ أناملَهْ

على أيكَةٍ
فِي ظِلِّها الخَوفُ ناعِسٌ
بنى حولَها سِرْبُ الحَمَامِ مَنازِلَهْ

ونَهرٍ جرى كالخيْلِ

يحمِلُ فارساً لأحلامِ أرضٍ

كَمْ تمَنَّتْ فضائلَهْ

ومِنْ حوْلِهِ

ورْدٌ يخضِّبُ وَجْهَها

لقُبْلةِ فَلّاحٍ يُجيدُ المغازَلَهْ

يُشَوِّقُ بالدّمْعاتِ خُطْوةَ فأسِهِ

ويزرَعُ شمْعاتٍ

إذا الفَجْرُ ماطلَهْ

سعى فِي دُروبِ الصَّخْرِ
يحملُ رايةً
ويفتحُ بُلْداناً بدونِ مجادَلَهْ

يُمَرِّرُ كَفّاً فوقَ هامةِ ظامئٍ
وينصبُ في دَمْعِ اليتامى مَحَافِلَهْ

ستَذْكُرُني الأزْهارُ
مِنْ غيْرِ قَطْفِها مَعَ العِطْرِ
أنِّي صُنْتُ يَوْماً هيَاكِلَهْ

فما اسْتَيْقَظَتْ حَرْبٌ وجِسْمي فِراشُها
تمدَّد فيها النِّيلُ..
أجرى جَداوِلَهْ

سلامٌ على غَارٍ
يبيضُ أَمَامَهُ أمانٌ
يُهادي العَنْكبوتَ حَبائِلَهْ

وبيتٍ سخيٍّ
لا يُرَوِّعُ طَارقاً
يُبَعْثِرُ في وَجْهِ الرِّياحِ رَسائِلَهْ

وأيدٍ على الصَّحْراءِ
تَرْسِمُ لَوْحَةً
وقَلْبٍ على الأشْجارِ يُلْقِي بلابلَهْ

سلامٌ على نَخْلٍ
يَدُقُّ جُذورَهُ
وفي رِفْعَةٍ مرَّ السَّحابُ وغازَلَهْ

سلامٌ على حَرْفٍ
يَخيطُ رَبَابَةً
يُؤدِّي لِسَانُ العُرْبِ فيها نوافِلَهْ

على لُغةٍ يسْتَنْشِقُ النَّايُ لَفْظَها

يحُلُّ بها ثغْرُ الزَّمانِ

مَسائِلَهْ

على شاعِرٍ

أجرَى الجَمالُ بُحورَهُ

فأرسَى على مَجْرى العُيونِ سَواحِلَهْ

يغنِّي لغُصْنٍ لا يَجِفُّ به دَمٌ

على ظِلِّه الحَطَّابُ

ألقَى مقاصلَهْ

سلامٌ على الإنسانِ

في كُلِّ موْطِنٍ

ودينٍ

ولوْنٍ ذَوَّبَ الحُبُّ سَائِلَهْ

على وطنٍ

خطَّ الغمامُ ربيعَهُ

متى أَحْضرَتْ

شمسُ الإخاءِ مشاعِلَهْ

على أمَّةٍ

للشَّمسِ تُعطي هُوِيَّةً

فأملى ـعلى الغَيْمِـ الضِّياءُ فصائِلَهْ

عِنْدما يُرَتِّلُ الوردُ

وأصغيتُ للورْدِ

حِينَ استقامَا

يرتِّلُ عِطراً يَؤُمُّ اليتامَى

ومِحْرابُ قلبي يُقيم أذاناً

عليه الأحبَّةُ

صاروا قِيامَا

وألهو لدى مَرْقصٍ للنخيلِ

يعلِّم نارَ الصَّحارى

صِيامَا

أهزُّ جذوعَ المحبّةِ حَوْلي
لتسقطَ فوقي القُلوبُ سلامَا

وكلُّ غريدٍ لَهُ بَصْمَةٌ
ولمْ تَعْرفِ الأغنياتُ
الخِصامَا

لماذا سعيْتَ لتَسْفِكَ حُلْمِي
وتُقنعَ شَمْعي ليهوى الظَّلامَا؟

وتأبى الرِّمالُ

احتلابَ عُروقي

تَعِفُّ ودمعي يمرُّ غَماما

ألا تستحي مِنْ دمٍ لمْ يخُنْكَ

عليه الغرابُ يصيرُ إماما؟!

أيا عاشِقَ السُّكْرِ

فَوْقَ دِمائي

أنا مَنْ يُفَوِّقُ تلْكَ السِّهامَا

إذا الرَّعدُ مَلَّ هديلَ
فؤادي
سأنْثُرُ فوقَ السَّحابِ حَمَامَا

على كُلِّ أرْضٍ سعَى آدَمِيٌّ
أدُقُّ الكرامةَ
فيها خِيَاما

متحفٌ يليقُ بجسدٍ

كأنِّي

ومِنْ حولي الجَماجمُ تَحْتَفي

بأقدامِ مَنْ قَدُّوا بَشَاشةَ زُخْرُفي

أداعِبُ ثَغْرَ الأرضِ

والدُّودُ واقفٌ

ليبدأَ سعياً في ابتداءِ توقُّفي

ألوِّحُ للظمآنِ

خارجَ حُفْرتي

بأنِّي سَرابٌ قدْ وعَدتُ

ولَمْ أفي

وأعلِنُ
أنَّ الموتَ فنَّانُ عِبرَةٍ
تُزخرِفُها الذِّكرَى
بجُدرانِ مُتْحَفِي

ولي جَسَدٌ..
قد صبَّهُ الماءُ في الظَّما
تخمَّرَ صلصالاً
وما بمُجَدِّفٍ..!

على لَبِناتِ الشَّمْع طوَّلتُ شُعلتي
إذا بلسانِ النّارِ تقْصُرُ أحرُفي

فما زلتُ في عَهْدِ الربيعِ فراشةً

لها الضَّوءُ يسْعَى

وهْيَ ذاتُ تعفُّفِ

كلَوْحةِ رَسَّامٍ

يُقبِّلُ كفَّها

أمُرُّ على الألوانِ دونَ تلهُّفِ

أمرُّ على الدُّنيا بخطوِ غمامةٍ

أعرِّي

علوَّ الماءِ

والرَّمْلُ مِعْطَفِي..!

وكيفَ أباهي الشَّمْسَ

باسْم قبيلتي

وما ميَّزَتْ رِيحٌ

لِواءَ مُرَفْرِفِ

فلمْ أتَّخِذْ للمِلْح

دَرْبَ سفينةٍ

لإنقاذِها؛ بالخَرْقِ؛ لمْ تَتَصَوَّفِ

أعجِّلُ ساعاتِ اللقاء لأنَّني

أرى عقْرَبَ الفقدانِ

غيْرَ مسَوَّفِ

فليسَتْ حياتي غيرَ سَرْدِ صحيفةٍ

أنقِّحُها قبلَ المَماتِ

بمُصْحَفِ

تلاوةُ المَاءِ للرَّملِ

عشقي..
هديلُ الحَمام أوَّلَهُ
في منهلٍ ضَخَّ النهرُ أوَّلَهُ

جرَى على جَدْبِ الرُّوح
مرتَعِشاً
فاخضرَّ فيها الغَرَامُ والوَلَهُ

لم يرتوِ القلبُ
في الهَجيرِ دماً
ضحَّى
وإنْ زادَ الهَجْرُ مِشْعَلَهُ

مِنَ المزاميرِ

مُهْجَتِي انْطلَقَتْ في الرِّيحِ

فاشتقَّ اللحْنُ منْهلَهُ

فجَّرَ نايي للحُبِّ قُنْبُلَةً

إذ حذَفَ "النُّونَ"

حينَ قبَّلَهُ

لمْلِمْ مِنَ الرِّيحِ الـرَّمْلَ

بَعْدَ خطى حَرْبٍ

فلي كفٌّ

لنْ تُغرْبِلَهُ

فالرَّمْلُ في عَظْمِ مَوْطِني
جَسَدٌ مَدَّتْ لَهُ الدِّماءُ جَدْوَلَهُ

واقْرَأْ سلاماً
تَخُطُّهُ سُحُبٌ للأرْضِ..
رَبُّ العِبادِ أنْزَلَهُ

وخُذْ مِنَ العَنْكَبوتِ بابَ أمانٍ
ضَلَّ سيفُ الجَهولِ مَدْخلَهُ

لَيْسَ هُنَا دِينُ القَتْلِ كيْ تَتَمادى
في ضَلالٍ
مَنْ ذاكَ أرْسَلَهُ

فاتْبَعْ نَبيّاً تَفيضُ رَحْمَتُهُ
صلَّى بعيسى وطافَ مَنْزلَهُ

بغَارهِ
مَا باضَ الحَمامُ لَهُ
(قُنْبُلةً)
كَيْ ترُدَّ مَقْتَلَهُ

لغة مِنَ العُشب

ظَبْيَةٌ..

صاغَ حرْفَها بُسْتانُ

لا يُباريها

ـإنْ جَرَتْـ

فُرْسانُ

تأكُلُ العُشْبَ في مَراعي نَبِيٍّ

تَرْتَوي مِنْ جمالِهِ الغِزْلانُ

تُشبِعُ الرُّوحَ

مِنْ معانٍ تدلَّتْ رُطَباً

هَزَّ جِذْعَها القُرآنُ

فَهْيَ نَحْتٌ

على قوامِ نَخيلٍ

نوتةٌ

فيها تُقْرأُ

الألْحَانُ

كمْ تهجَّى الرَّبيعُ مِنها

زُهُوراً

عِنْدما أتْرَعَ السَّحَابَ بيانُ

فِي بهاءٍ

أملَتْ على الطَّيْرِ لَحْناً

ولها في كُلِّ الأغانِي لِسانُ

لقَّنَتْ أفْواهَ الورودِ رَحيقاً
فشدا الطِّيبُ
واحتفى الرَّيْحانُ

دَخَلتْ قِنْديلي فتيلاً
ومِنْ مِحْبَرتي
ضاءَ زيتُها الرَّيّانُ

وَحْيُها رَسْمٌ فِي خُطَى كلِماتي
والمعاني في ظِلِّها الألْوانُ

تسْتَظِلُّ العُلومُ في أيْكِها
مِنْ لفْحَةٍ
كمْ يشْقَى بها تُرْجُمَانُ

فهْيَ شمسٌ تُترجِمُ الغيْمَ قطْراً
تعْرِبُ النُّورَ
تنطقُ الأجْفانُ

في رَحَى العِلْمِ
كمْ بدَتْ سُنْبلاتٍ
إذ نَما الفِكْرُ
واستَوتْ أذْهانُ

كيْفَ تُنْفَى هُويَّتي
فِي حِماها
وشكاني في غُرْبتي العُنْوانُ؟

كيفَ فيها يرَى الفصيحُ اغْتِراباً
وغَدا للفْظِ الغريبِ مَكانُ؟

بأسُها..
مِنْه انْسلَّ "عنْترةٌ"
فارْتَجَّ في حضْنِ جَيشِهِ "النُّعْمانُ"

حُسْنُها..
ناعسٌ بخيْمة "ليْلَى"
هَلْ قسى الآنَ
"قيْسُها" الهَيْمانُ؟!

إذ أراها زيتـونةً
فوقَ غُصْني
بسواها لا يُثْمِرُ الوِجْدانُ

فِي رُباها
تشَابَكَ الأيْكُ صَفّاً
وِحْدةً قادَ عزْفَها كَرَوانُ

هيَ فَنُّ اتِّصالِ قلْبٍ بقلْبٍ
عِقْدُ حُبٍّ
في خيْطِهِ الخِلّانُ

تَجْمَعُ العاشِقينَ والشُّعَرا
مائِدةٌ
لا يُدْعَى
لها عُدْوانُ

هِيَ حَقْلٌ
فيه الهُويَّةُ نَبْتٌ
وجُذورٌ
لها العُلا أغْصانُ

نخْلةٌ صدَّتْ بالثَّوابتِ ريحاً
فِي أعاليها للمَكارمِ شَانُ

صخْرةٌ أوْرقَتْ جمالاً..
عليها
راحَ بالعِشْقِ ينْحتُ الفَنَّانُ

ظلَّلتْ تاريخاً يُسافِرُ فيها
والثَّقافاتُ فِي الخُطَى
الأفْنانُ

إنَّها مرجِعيَّةُ العِطْرِ للأزْهارِ..
عَرْشٌ
مِنْ فوقِهِ تيجانُ

أبْحرَ المجْدُ فوْقَها
وهْيَ بَحْرٌ ساحِرٌ
والعُروبةُ الشُّطآنُ

صوتُها بَصمةُ البلادِ

فكادَتْ تنْطِقُ الأرْضُ حَرْفَها

والزَّمانُ

موعِدٌ أخيرٌ لعشقٍ بدائيٍّ

هُنا مَوْعِدٌ

ـرغْمَ مَنْ أجَّلوا رحلة الذكرياتِ على هودج العشقِ دَهْراـ

لنا يتجدَّدْ..

ونظرةُ عينيْك ميقاتُ حُلْمٍ

على الصَّحَراء يراودُ أفئدةَ البوصلاتِ

وصوتُ المؤذِّنِ عجَّلَ بالصلواتِ لغيمٍ على الرملِ يسجُدْ..

فألقى فؤادُكِ أجْراسَهُ تتبتَّلُ عُمْراً بديرِ الصَّبابة

حتَّى تحدَّدْ..

هُنا موعدٌ..

لخطى الماء حين التقى بثباتِ الحصى والصُّخورْ..

وكلُّ انتظارٍ له ملتقىً

لمُحبٍّ صبُورٍ..

ولي قاربٌ مِنْ هوىً فوقَ مَوْجِ المدامعِ

يطفو عنيداً..

إذا بالنخيلِ بأقصى جفونِكِ

يرقُبُ مسرَى شراعي سعيداً..

وبُرْجُ الحمامِ هناكَ يزخْرفُ سُبُّورةَ الليلِ مثلَ الطَّباشيرِ

كي يقرأَ الصُّبحُ شوقي نشيداً..

ألم تعْلمي أنَّ مجدافَ قلبي

لَهُ عِنْدَ مَرْسَى خُدُودِكِ موعِدْ..

هنا موعدٌ لاغترابِ الشُّموعِ التي وقَفَت زمناً
فوق سطْحِ الجليدِ
على شمْعدانٍ يتوِّجُ رأسَ الصَّبيةِ
في يومِ حنَّائها يتحدَّدْ..

هنا موعدٌ لعروسةِ نيلٍ
تطوفُ بفانوسِها الفاطميِّ
وتُهدي ضفيرتَها للرَّبابةِ
حتَّى ارتدى الليلُ أوتارَها بُرْدةً
وهْيَ تمْشي تُغَرِّدْ..

هُنا موعِدٌ للحمَامِ مع السُّنبلات..
على مُهْجةٍ خِصبةٍ بالدُّموعِ وبالأمنياتْ..
يُغربلُني العِشْقُ قَمْحاً
وكُلُّ الغرابيلِ بين كفوفِ الصَّبايا
رمتني لصومعةٍ
جيبُها مِنْ رخامْ
وما زالَ حولي يطُوفُ الحمامْ..

164

وفي موسمِ الحُسْنِ أخبزُ قلبي

لإطعام من عاش من أجلِ عينيك يصمدْ..

فلستُ أغار عليكِ لكثرةِ مَنْ عَشِقُوك

لأنَّ اندثارَ المحبِّينَ مِنْ ضفتيك

يؤجِّلُ طرْقَ اليمامِ

لبوَّابةٍ خُصِّصَتْ للضُّيُوف..

إذا لَمْ يعُدْ كَيْ يزورَ رَحىً تتأرجَحُ بالقَمْحِ

يمْنَح للحَرْبِ فرْصَةَ سَنِّ السُّيُوف..

وما لانطلاقِ الرَّصاصاتِ معْنىً

سوى أنَّ كلَّ جهَاتِ المحبِّين لَمْ تتوحَّدْ..

فهيّا لنأخذَ للحُبّ موعِدْ..

هنا موعدٌ للحنينِ

بأسفلِ جُمَّيْزَةٍ منذ بدءِ الخليقةِ

عاشت تضمِّدُ جُرْحَ الطَّريقِ بلينِ الظِّلالْ..

أتى هودَجُ الرّحَماتِ يُغازلها

كي يُصالحَ قيلولةً

ظلَّ يصرُخُ منها فؤادُ الرمالِ..

فهيّا لنَرمِيَ للشَّوقِ بعْضَ احتطابٍ

يُسوَّى بِهِ كوبُ شايْ..

ونغْسِلُ مِنْ دمْعَةٍ في الجداولِ نيليَّةٍ قلْبَ نايْ..

لننشدَ قُبلةَ شَمْسٍ لغُصْنٍ

يردُّ حرارةَ قُبلَتِها بالظِّلالْ..

فتَحْتَ الخَمائلِ لا يخلُفُ العِشْقُ موْعِدْ..

هنا موعِدُ الضَّحْكةِ الشَّاردهْ..
فما زِلْتُ أَبْني على ضِفَّةِ الحُلْمِ كُوخَ الغزالةِ
حيثُ فؤادي خِضابٌ على شَفةِ العُشْبِ
كي تتحنَّى عليه الكُعُوبُ اخضراراً
فيفرشُ فوقَ الحصَى أغْنياتِ الخلاخيلِ
حين يرى رقصةَ الشَّمْعَدانِ على آهتي المُنْشِدهْ..
وذهْني يعُودُ مِنَ الذِّكرياتِ
وعِنْدَ جمالكِ يشرُدْ..

هنا في رُبى النَّهْرِ لم يقطِفِ الغاضبونَ سوى الجَمْرةِ الباردهْ..
وما زِلتُ أنتظرُ الخَمْرَ عندَ ضِفافِ الشِّفاهِ
لأُسْكِرَ جَذْبَ الصَّبابةِ
عنْدَ مَصيفٍ عليه يتوبُ الغمَامُ ويَزْهَدْ..

هُنا موعِدٌ لقطارٍ تربَّى على السَّيرِ بينَ خُطى الكادحينَ
يغنِّي صفيراً
ويعزفُ للشَّمْسِ أوتارها
حين تنسج فوق الوجود أشعَّتها
لتزمِّلَ ركّابَهُ حينَ يمشِي على ضِفَّةِ المفْرداتِ
بمعنىً يسافرُ في لهجاتِ القرَى والنُّجوعْ..

بضائعُهُ من هدايا المحبِّينَ
ما تَرَكَتْ بعد توزيعِها في بلادِ الأسَى أيَّ جُوعْ..
وما زلْتُ منتظراً في محطَّةِ حُسْنِكِ دَهْراً..
على جَرَسِ القلْبِ
أضبُطُ للحُبِّ موعِدْ..

الفهرس